LAURE KIÉ

Pastelería japonesa

INGREDIENTES Y RECETAS PASO A PASO

Recetas y estilismo: Laure Kié

Fotos: Patrice Hauser

Traducción de Marta García García

Planeta

目次

Índice

どうぞ、試してみてください。

Dozo tameshite kudasai!*

* ¡Por favor, pruébalo!

Laure Kié 己絵

Laure Kié nació en Tokio, de madre japonesa y padre francés. Los platillos familiares nipones acunaron toda su infancia. Sus numerosas estancias en Japón le permitieron iniciarse en la riqueza de la cultura culinaria del archipiélago e hicieron que se aficionara a una cocina natural, sencilla y sabrosa que hoy transmite en sus clases de cocina.

Pastelería japonesa

La repostería es a menudo la gran desconocida de la gastronomía nipona. Sin embargo, los dulces japoneses, que tradicionalmente se toman a la hora del té o en ocasiones simbólicas —no al final de una comida—, son imprescindibles.

En la actualidad, con la aparición de nuevos hábitos culinarios, numerosos *chefs* contemporáneos han empezado a reinterpretar las recetas ancestrales. De esta mezcla de originalidad y tradición surgió una nueva pastelería japonesa variada, sutil, moderna y original.

Te invito a descubrir las diferentes especialidades del universo dulce de la cocina nipona, que van desde los tradicionales wagashis hasta los postres más actuales, que giran en torno al té matcha o al ajonjolí.

Introducción

De la gastronomía nipona conocemos sobre todo los platillos emblemáticos salados, pero muy poco los dulces. Y, en efecto, en Japón no terminamos las comidas con un postre...

Entonces, ¿por qué un libro sobre repostería japonesa? Precisamente porque todavía es muy poco conocida entre nosotros y quiero que descubras este otro aspecto de la cultura culinaria nipona. Porque si bien como colofón de las comidas no hay postres, existen muchos dulces que se comen sobre todo a la hora del té, entre las comidas, por lo que se les dedica una atención muy especial.

Así, los dulces tradicionales (los wagashis 和 菓 子), que se presentan en su estuche como auténticas joyas, reflejan el esteticismo japonés sin dejar de estar cerca de la naturaleza. De hecho, por lo general se ajustan al ritmo de las estaciones, con intensas evocaciones a la flora nipona a través de los colores, las texturas o las formas.

Además de estos postres tradicionales, te propongo que te animes a elaborar otros dulces con influencias diversas (francesa en el caso de los macarons, portuguesa en el del kasutera —o castella—, estadounidense en el del cheesecake...), ¡pero siempre con ese toque sutil y estético que hará que tus papilas gustativas viajen a la tierra del sol naciente!

¡Que lo disfrutes!

Laure Kié

Agar-Agar
御抹茶
白玉粉
ゆで あずき
だんご粉
ゆず
抹茶
Jean Hervé
Crème
SÉSAME NOIR
ラムネ
さゆり
片栗粉
きな粉
わらび餅粉
とろける きなこ
Kokosnuss milch
coconut milk
北海道産小豆100%使用
つぶあん

材料と調理器具

Ingredientes y utensilios

La repostería japonesa requiere de pocos ingredientes y utensilios específicos. No obstante, en este capítulo te propongo descubrir los que resultan indispensables.

Encontrarás los ingredientes en la mayoría de los supermercados asiáticos, en internet e incluso en las tiendas de productos orgánicos en el caso de algunos de ellos (azuki, agar-agar, tahini negro, etc.).

Los cuatro ingredientes fundamentales de los que no podrás prescindir para realizar la mayoría de las recetas de este libro son la harina de arroz glutinoso (indispensable para elaborar los mochis y los daifukus, así como las perlas de coco o las bolitas de ajonjolí), los frijoles azuki, para todas las recetas a base de pasta anko (véase p. 24), el té verde matcha (véase p. 34) y la fécula que se utiliza para ligar o espolvorear por encima del mochi (véase p. 28).

材料
Ingredientes

Hojas de cerezo
en salmuera
Alubias
Semillas de
ajonjolí negro
Maracuyá
Alquequenje
ゆず
Caqui
Pera
Jugo de yuzu

Ingredientes

Los ingredientes de la repostería japonesa y occidental difieren enormemente, en especial en el uso de las leguminosas. De hecho, en Japón, el frijol azuki es la base de la mayoría de los dulces tradicionales. Además de las harinas especiales cuya descripción encontrarás en la p. 14, necesitarás muy pocos ingredientes para iniciarte en la elaboración de postres nipones. He aquí un breve resumen de los que utilicé en las recetas de este libro.

Azuki

Es la legumbre más consumida en Japón después de la soya. Este frijol tinto está presente sobre todo en los dulces tradicionales en forma de pasta (véase receta de la pasta anko, p. 24), que se puede equiparar a la crema de castañas. El frijol azuki se encuentra a la venta seco o ya cocido, en conserva.

Alubias

Sirven para realizar el shiro-an (véase p. 26), que es una de las bases del wagashi (repostería tradicional). Existen muchas variedades de alubias, pero te recomiendo que utilices las más grandes (frijol ayokote), ya que la preparación será más fácil. Asegúrate de elegir una variedad muy blanca para que la pasta sea lo más clara posible. Las encontrarás secas en tiendas de productos orgánicos o en colmados *gourmet*. Elige alubias ya cocidas si quieres ahorrar tiempo en la preparación de la pasta shiro-an.

Frijoles mungo

Estos frijoles también sirven para hacer una crema (véase p. 132) con la que rellenar los dulces. Se utilizan principalmente en China y en el Sudeste Asiático.

Ajonjolí

En la cocina nipona emplean el ajonjolí blanco, dorado o negro. Ya sea en semillas o en tahini, el ajonjolí negro, por su color y sabor más pronunciado, se utiliza especialmente en repostería. Lo encontrarás en tiendas de productos orgánicos o en supermercados asiáticos.

Las frutas japonesas

Hoy día algunas frutas japonesas están disponibles en muchas regiones, como los caquis (escoge la variedad de caqui manzana, más crujiente que los caquis mediterráneos, que deben congelarse y adquieren una textura similar a la compota antes de consumirlos) o las nashi, peras crujientes pero jugosas.

Hojas de cerezo

Estas hojas en salmuera se emplean para elaborar el sakura mochi (véase p. 48), un dulce que se come mayoritariamente durante el periodo de los cerezos en flor. Las encontrarás en supermercados japoneses o en internet, pero también se pueden preparar en casa (véase p. 50).

Tofu sedoso

El tofu es un «queso» de soya, es decir, leche de soya cuajada. En Japón existen múltiples variedades de tofu, pero en Occidente se distinguen principalmente el tofu firme y el tofu sedoso. Este último es el que se utilizará en repostería (véase p. 90).

Matcha

El matcha es un té verde en polvo que se usa para la ceremonia del té en Japón (véase p. 34). También se ha convertido en un elemento imprescindible de la repostería nipona. ¡Por eso se le dedica un capítulo entero (véase p. 98)!

Yuzu

Este limón japonés está presente en buena parte de los dulces nipones, pero también es muy apreciado por los pasteleros europeos. De hecho, su sabor ácido y dulce a la vez es una sutil mezcla de limón y mandarina clementina. Si bien este cítrico es difícil de encontrar fresco, podrás obtener con facilidad el jugo o la cáscara en polvo en los supermercados japoneses (véanse direcciones en la p. 142).

小麦粉
Harinas

Harina de arroz glutinoso clásica
Harina de warabi-mochi
Harina de tapioca
Harina de arroz
白玉粉
Harina de arroz glutinoso

Fécula
de papa
Kuzu
Agar-agar
Tapioca
Kinako
Kinako: harina
de soya tostada
Arroz glutinoso

Harinas

Harina de trigo

En general, las harinas de trigo se clasifican según el porcentaje de cáscara (salvado de trigo) que conservan. Por tanto, cuanta más cáscara conservan los granos, más alta es la proporción y más completa y rica en nutrientes es la harina resultante. Y a la inversa, cuanto más blanca es la harina, más baja es la proporción y menos cáscara queda alrededor de los granos y, en consecuencia, menos rica en nutrientes.

Así pues, la clasificación va desde la proporción más baja, T-45 (harina para repostería), hasta la más alta, T-150 (harina integral), pasando por la proporción intermedia, T-80 (harina semiintegral).

Harina de arroz

Al igual que con la de trigo, para obtener harina de arroz existen diferentes proporciones de refinado de los granos de arroz, que van desde la blanca hasta la integral. La harina de arroz se utiliza en algunas recetas (véase la del dango en la p. 42) y puede reemplazar a la de trigo para una versión sin gluten. No obstante, en Japón se emplea sobre todo la harina de arroz glutinoso (véase a la izquierda).

Harina de arroz glutinoso

Es la harina indispensable para la realización de la mayoría de las recetas de este libro, en especial el mochi, que sirve para elaborar los famosos daifukus (véase p. 38).

Encontramos diferentes tipos de harina de arroz glutinoso, que reciben distintos nombres, pero los dos más comunes son:

- El **shiratamako** (en los supermercados japoneses), cuya textura grumosa se disuelve en agua con facilidad y da un resultado muy sedoso.

- El **mochiko** (o harina de arroz glutinoso clásica), que se presenta en forma de polvo y es más fácil de encontrar en todos los supermercados asiáticos.

Fécula de papa

La fécula está constituida exclusivamente por almidón, lo que le da su poder aglutinante. También se utiliza mezclándola con harina para aligerar las preparaciones y hacerlas más esponjosas.

En Japón se usa sobre todo para evitar que los mochis se peguen (véase p. 28).
La fécula de papa puede sustituirse por fécula de maíz.

Warabiko

El warabiko es una fécula de helecho que permite realizar un postre de textura asombrosa: el warabi mochi (véase p. 68). Como es difícil encontrarlo, puedes reemplazarlo por harina de tapioca o fécula de camote.

Kuzu

El kuzu es una planta silvestre cuyas raíces se utilizan para obtener una fécula que sirve como aglutinante para salsas o cremas. Con esta fécula se logra una textura entre la gelatina y la crema que es muy agradable en la boca. Se emplea sobre todo para realizar los kuzu manju (véase p. 46).

Kinako

Esta harina, que se obtiene a partir de soya tostada, se utiliza con frecuencia en los dulces japoneses, en particular en los warabi mochis (véase p. 68), pero también la puedes usar en lugar de fécula de papa para cubrir los daifukus y darles un delicioso sabor tostado.

Tapioca

La tapioca también es una fécula, que se elabora a partir de la raíz de yuca.
A menudo llamadas perlas de Japón, estas canicas blancas se cocinan en el resto de Asia sobre todo en postres, desayunos o en forma de bebidas. Encontrarás una receta de tapioca en la página 124.

Agar-agar

Este gelificante, que sustituye a la gelatina animal, procede de un alga roja. Su uso, muy generalizado en Japón, se detalla en la página 32.

調理器具
Utensilios

Tamizador de harina
Molde con base extraíble
Pequeño rodillo de repostería
Palillos japoneses (brochetas)
Chashaku: cuchara para matcha
Batidor de varillas de bambú
Chasen: batidor de varillas para matcha
Bandeja de horno

Envoltura

En Japón, el contenedor es tan importante como el contenido. Por lo general, los pasteles se presentan en bonitos paquetes que son un verdadero placer para la vista. Puedes hacer fácilmente tus propias envolturas reciclando cajas; ¡incluso es posible personalizar con imaginación cartón de huevos! ¡Nada como ofrecer un wagashi (véase p. 64) en una hermosa caja hecha a mano!

El material: una cajita de cartón, papel japonés, un cordón bonito, tijeras, un palillo japonés o palillos de dientes para la degustación.

1- Forra la tapa de la caja con papel japonés (por ejemplo, papel para hacer origami).

2- Personalízalo con otro papel (liso si el papel de debajo ya tiene un estampado) para crear formas o tiras.

3- Cierra la caja atándola con un cordón. Introduce el palillo debajo del cordón. ¡Listo!

調理の基本

Elaboraciones básicas

Antes de empezar la elaboración de dulces japoneses, te propongo algunas recetas que te servirán como base para distintas preparaciones, en particular el mochi, ese puré de arroz glutinoso que encontramos en la mayoría de los wagashis, y por supuesto la pasta anko, el puré de frijoles tintos fundamental para confeccionar los daifukus (véase p. 38), los yokan (véase p. 52) o los dorayakis (véase p. 44).

Anko: pasta de frijoles azuki

Preparación: 20 minutos
Cocción: 2 horas 10 minutos
Reposo: 12 horas

Para 1 kg de pasta anko
- 500 g de frijoles azuki secas (en tiendas de productos orgánicos o en supermercados asiáticos)
- 360 g de azúcar refinado

Truco
Para ir más rápido, se pueden triturar las alubias cocidas en lugar de pasarlas por el molino, pero el puré obtenido será menos fino.

La pasta anko es la crema de frijoles que sirve de base a muchísimos dulces japoneses. Aunque puedes encontrarla ya lista en los supermercados japoneses, también es posible prepararla en casa. ¡Para hacerlo solo hace falta organizarse bien! Existen dos variedades de pasta anko: el tsubu-an, en el que los frijoles azuki cocidos apenas se trituran, y el koshi-an, en el que las alubias se hacen puré pasándolas por un colador o por el molino.

Remojar las alubias en una gran cantidad de agua fría durante al menos 12 horas. Escurrirlas, lavarlas y ponerlas en una olla. Cubrirlas con agua. Llevar a ebullición y escurrir. Ponerlas de nuevo en la olla y cubrir con al menos 2 veces su volumen de agua. Llevar a ebullición y proseguir la cocción de 1 hora 30 minutos a 2 horas, asegurándose de añadir más agua si es necesario. Las alubias estarán cocidas cuando puedan aplastarse fácilmente entre los dedos. Escurrirlas.

Para el tsubu-an
En una olla de fondo grueso, mezclar las alubias cocidas y el azúcar. Cocer durante 10 minutos removiendo sin parar.

Para el koshi-an
Pasar las alubias cocidas por el molino (o un colador rígido), por tandas. Echar el puré resultante en una olla de fondo grueso. Añadir el azúcar. Cocer removiendo sin parar durante unos 10 minutos; se obtendrá un puré similar a la crema de castañas.

Preparación: 20 minutos
Cocción: 2 horas 10 minutos
Remojo: 12 horas

Para 1 kg de shiro-an
- 500 g de alubias secas
- 360 g de azúcar refinado

Preparación: 15 minutos
Cocción: 15 minutos

Para unos 350 g de mame-an
- 250 g de habas peladas (congeladas)
- 150 g de azúcar refinado

Truco

Se puede preparar el shiro-an usando un bote de alubias ya cocidas. Para ello, pasar por el molino 250 g de alubias cocidas y luego cocerlas con 175 g de azúcar refinado hasta que adquieran una textura de compota. Se obtendrán 350 g de shiro-an.

Pasta anko: variantes

En la repostería japonesa existen variantes de la pasta anko: el shiro-an, a base de alubias («shiro» significa «blanco») y el mame-an, a base de habas. ¡Esto permite tener un bonito panel de colores para variar los wagashis!

Shiro-an

Remojar las alubias en una gran cantidad de agua durante al menos 12 horas. Escurrirlas, lavarlas y ponerlas en una olla. Cubrir con al menos 3 veces su volumen de agua. Llevar a ebullición. Espumar y proseguir la cocción durante 2 horas. Escurrir. Quitar toscamente la cáscara de las alubias y pasarlas por el molino. Poner la pasta resultante en una olla de fondo grueso. Añadir el azúcar. Cocer removiendo sin parar de 8 a 10 minutos. Dejar que se enfríe.

Mame-an

En una olla con agua hirviendo, cocer las habas durante 15 minutos. Escurrirlas y pasarlas por el molino. Poner la pasta resultante en una olla de fondo grueso. Añadir el azúcar. Cocer removiendo sin parar de 8 a 10 minutos. Dejar que se enfríe.

Preparación: 15 minutos
Cocción: 15 minutos

Para 575 g de mochi
- 200 g de harina de arroz glutinoso
- Fécula de papa o de maíz
- 300 ml de agua
- 75 g de azúcar refinado

Truco

Para esta receta se pueden utilizar diferentes variedades de harina de arroz glutinoso: shiratamoko, joshinko, etc. Véanse los detalles en la p. 16.

Mochi

Tradicionalmente esta pasta de arroz glutinoso se obtiene machacando arroz glutinoso cocido en un mortero (véase p. 48). Aquí te propongo una receta más rápida, a base de harina de arroz glutinoso.

En un tazón, mezclar la harina de arroz glutinoso con el azúcar y el agua. Calentar agua en una vaporera. Poner el tazón en la vaporera, taparla y cocer durante 15 minutos.

Tamizar la fécula sobre una superficie de trabajo y poner la pasta cocida encima utilizando una espátula de silicona. Cubrirla sin miedo con abundante fécula porque es muy pegajosa.

Luego esta pasta se puede emplear para los famosos daifukus (véanse p. 38 y 76) o para los mochis con helado (véase p. 78).

En lugar de la cocción al vapor, el mochi también se puede cocer en el microondas.

Nerikiri

Preparación: 15 minutos
Cocción: 20 minutos
Reposo: 30 minutos

Para 525 g de nerikiri
- 500 g de shiro-an
- 25 g de harina de arroz glutinoso
- Unas gotas de colorantes alimentarios (verde, amarillo, rojo)

El nerikiri es una pasta compuesta de shiro-an (véase p. 26) y de harina de arroz glutinoso. Sirve de base para confeccionar preciosos wagashis. La pasta resultante se colorea con diferentes colorantes alimentarios y permite así realizar una gran variedad de dulces tradicionales.

Mezclar el shiro-an y la harina de arroz glutinoso en un tazón para obtener una pasta. Poner la pasta resultante en un trapo de cocina y cocerla al vapor durante 20 minutos. Al final de la cocción, colocar la pasta sobre la encimera y trabajarla con el trapo hasta que sea homogénea. Dejar que se enfríe 30 minutos.

Dividir la pasta en tres partes. Poner un tercio de la pasta en un tazón. Verter encima unas gotas de colorante alimentario verde. Mezclar para obtener una pasta de un bonito color verde homogéneo.

Hacer lo mismo para obtener el nerikiri amarillo y el rosa, utilizando respectivamente el colorante rojo y el amarillo.

De esta forma se obtendrán tres colores de nerikiri (verde, amarillo y rosa) para elaborar los dulces tradicionales wagashi de la página 64.

Agar-agar

Este gelificante natural que se extrae de algas se utiliza ampliamente en Japón, mientras que nosotros estamos más familiarizados con la gelatina (a base de cartílago animal). Se puede encontrar en filamentos o en bloques, pero recomiendo elegir la versión en polvo, mucho más fácil de usar.

Dosificación: la única dificultad reside en la dosificación del agar-agar, que es 8 veces más gelificante que la gelatina. La cantidad habitual es de 4 g (2 cucharaditas de café) por litro de preparación. Si se desea una textura más cremosa, que no es necesario gelatinizar, se puede optar por 3 g de agar-agar por litro. Por el contrario, para un resultado más gelatinoso, echar 5 g por litro.

Cocción: el agar-agar debe incorporarse a un líquido frío. Llevar luego a ebullición el líquido mientras se remueve. Tiene que hervir durante al menos 10 segundos para que las propiedades gelificantes del agar-agar puedan desarrollarse.

Gelificación: la gelificación se producirá a continuación cuando la preparación alcance una temperatura de unos 40 °C.

Utilización: en una gelatina de frutas (véase p. 58), una panna cotta (véase p. 88) o un yokan (véase p. 52).

Preparación del té matcha

Té matcha
- Agua caliente a 80 °C (pasar el agua hirviendo a 2 tazones fríos)

Los utensilios
- 1 tazón
- El batidor de varillas de bambú chasen
- La cuchara de bambú chashaku (opcional)

Té matcha

Sin duda el té sigue siendo la bebida más consumida en Japón y existen numerosas variedades de té verde: sencha (el más popular), bancha (el té común, a menudo más barato), hojicha (té tostado), genmaicha (té con granos de arroz tostados), gyokuro (té procedente de brotes jóvenes)... y matcha (té en polvo). El matcha, el más noble de los tés verdes, es el que se utiliza para la ceremonia del té (cha no yu) en Japón.

Empezar vertiendo el agua caliente en el tazón para calentarlo. Remojar el batidor de varillas para ablandarlo. Echar el agua.

Echar el té en el tazón. Verter unos 50 ml de agua a 80 °C sobre el té en polvo. Con un batidor de varillas, diluir el polvo en el agua caliente y luego batir enérgicamente haciendo una «M», sin que el batidor toque el fondo del tazón. Cuando aparezca la espuma en la superficie, disminuir la velocidad y sacar con cuidado el batidor para no estropear la espuma.

Esta bebida, con su sutil amargor, se bebe entre las comidas, a menudo con una pequeña golosina.

和菓子

Dulces tradicionales

Los dulces tradicionales japoneses se llaman wagashi («wa», «japonés» y «kashi», «dulce»). Estas pequeñas y estéticas golosinas son apreciadas primero por su apariencia y luego por su sabor refinado y delicado.

A menudo presentadas como joyas, constituyen una auténtica evocación de la naturaleza, por lo que están muy ligadas a las estaciones. El mejor ejemplo es el periodo de los cerezos en flor, durante el cual muchos dulces giran en torno a estas delicadas y efímeras flores.

Los wagashis se comen con el té verde y en la famosa ceremonia del té, en la cual el matcha siempre se sirve con uno de estos dulces.

Daifuku

Preparación: 15 minutos
Cocción: 15 minutos

Para 8 daifukus

- 200 g de pasta de frijoles anko (véase p. 24)
- Fécula de papa (o de maíz)
- 100 g de harina de arroz glutinoso
- 50 g de azúcar refinado

Daifuku

El daifuku es uno de los dulces más populares de la repostería nipona. Se compone de una envoltura de arroz glutinoso (mochi) rellena con la pasta de frijoles (anko). ¡Es un dulce que resulta muy fácil de hacer en casa, así que no dudes en lanzarte!

Dividir la pasta anko en 8 partes y formar 8 bolas. Reservarlas en la el refrigerador.

En un tazón, mezclar la harina de arroz glutinoso con el azúcar y 150 ml de agua.

Calentar el agua en una vaporera. Poner el tazón en ella para cocer al vapor, taparla y cocer durante 15 minutos.

Echar la fécula sobre la superficie de trabajo y poner encima la pasta cocida con una espátula de silicona. Cubrirla con fécula porque es muy pegajosa (poner mucha sin miedo). Cortarla en ocho trozos.

Tomar una parte de pasta y extenderla en la palma de la mano. Poner una bola de anko, envolverla con la pasta y cerrar el daifuku. Hacer lo mismo con los otros 7 daifukus.

Variante con matcha: incorporar 1 cucharadita de café de matcha en polvo a la harina de arroz glutinoso antes de cocer la pasta.

Variante con kinako: reemplazar la fécula por kinako.

Variante con frutas: véase la receta en la página 76.

Dango

Preparación: 15 minutos
Cocción: 6 minutos

Para unas 15 bolitas (5 brochetas)
- 50 g de harina de arroz
- 110 g de harina de arroz glutinoso
- 90 ml de agua caliente
- 1 cucharadita de café de té matcha en polvo
- 2 gotas de colorante rojo
- 50 g de azúcar refinado

Truco
Se puede utilizar harina para dango en lugar de la mezcla de harinas de arroz y arroz glutinoso.

En una ensaladera, mezclar las harinas y el azúcar. Repartir la mezcla resultante en 3 tazones.

En el primero añadir el matcha y 30 ml de agua caliente. Mezclar para obtener una consistencia blanda. Ajustar la cantidad de agua o de harina para obtener la consistencia deseada. Formar 5 bolitas.

En el segundo tazón, añadir el colorante rojo y 30 ml de agua caliente. En el último tazón, añadir solo 30 ml de agua caliente. Formar 10 bolitas con el contenido de los dos últimos tazones.

En una olla, llevar el agua a ebullición. Introducir las bolitas por tandas. Cuando suban a la superficie, cocerlas otros 2 minutos. Escurrirlas y ensartarlas de 3 en 3 en unas brochetas.

Preparación: 10 minutos
Cocción: 20 minutos

Para unos 6 dorayakis
- 320 g de pasta de frijoles anko (tsubu-an, véase p. 24)
- 2 huevos
- 140 g de harina
- 1 cucharadita de café de levadura química
- 1 cucharada sopera de miel
- 1 chorrito de aceite vegetal
- 70 g de azúcar refinado
- 1 pizca de sal

Dorayaki

En una ensaladera, mezclar los huevos con el azúcar, la miel y la pizca de sal. Batirlo todo enérgicamente durante 2 minutos para obtener una mezcla espumosa. Diluir la levadura en 1 cucharada sopera de agua y verter la mezcla en la ensaladera. Batirla. Tamizar la harina e incorporarla a la mezcla.

Calentar un chorrito de aceite en una sartén. Verter medio cucharón de masa en la sartén. Extenderla ligeramente con el dorso del cucharón para obtener un pequeño círculo. Cocinar a fuego medio y, en cuanto aparezcan burbujas, dar la vuelta al panqueque. Dejar cocer durante unos 3 minutos. Reservarla tapada con un trapo limpio.

Extender un poco de pasta anko sobre un panqueque. Cubrirla con un segundo panqueque. Apretar ligeramente. Hacer lo mismo hasta terminar la masa. Comer templadas o conservar en papel film.

Kuzu manju con habas

Preparación: 20 minutos
Cocción: 5 minutos

Para unos 10 manjus
- 50 g de kuzu (en tiendas de productos orgánicos o en supermercados japoneses)
- 200 ml de agua
- 80 g de azúcar refinado

Para el puré de habas
- 250 g de habas peladas cocidas
- 150 g de azúcar refinado

Preparar el puré de habas siguiendo las indicaciones de la p. 26. Formar 10 bolitas. Reservarlas en el refrigerador.

En una olla, mezclar con las yemas de los dedos el kuzu con agua para disolverlo. Echar el azúcar. Mezclar y calentar a fuego suave. Remover con una espátula hasta que la pasta se vuelva translúcida. Tomar 1 cucharada sopera de esta pasta y sumergirla en una ensaladera con agua fría. Escurrirla y extenderla entre las manos. Poner en el centro una bolita de puré de habas. Cerrar el manju utilizando papel film.

Hacer lo mismo con los otros 9 manjus. Dejar que se enfríen antes de servirlos.

Preparación: 15 minutos
Cocción: 15 minutos
Reposo: 1 hora 30 minutos

Para unos 10 sakura mochis

- 250 g de pasta de frijoles anko (véase p. 24)
- 250 g de arroz glutinoso
- 350 ml de agua
- 10 hojas de cerezo saladas (véase en la página siguiente, o comprarlas en un supermercado japonés o en internet)
- 2 gotas de colorante rojo
- 2 cucharadas soperas de azúcar refinado

Truco

Si no se encuentran hojas de cerezo saladas, añadir sal al agua de cocción del arroz para conseguir un toque salado, característico de esta receta.

Sakura mochi

El sakura mochi es un dulce que se come en primavera durante el periodo de floración de los cerezos, pues «sakura» significa «cerezo» en japonés.

Lavar el arroz varias veces hasta que el agua salga limpia. Escurrirlo y ponerlo en una olla con el azúcar, el colorante y el agua. Remojar durante 1 hora.

Tapar la olla, llevar a ebullición y cocer durante 12 minutos a fuego suave. Retirarlo del fuego y dejar reposar durante 15 minutos tapado.

Mientras tanto, formar 10 bolitas de pasta anko. Reservarlas en el refrigerador.

Remojar las hojas de cerezo en una ensaladera con agua durante 15 minutos para desalarlas. Escurrirlas y secarlas con cuidado con papel de cocina.

Echar el arroz cocido en un mortero y machacarlo toscamente para formar una pasta.

Poner 1 gran cucharada sopera de arroz encima de papel film. Con los dedos humedecidos (para evitar que el arroz se pegue), extenderlo ligeramente. Disponer en el centro una bolita de pasta anko y cerrar el mochi con el papel film.

Quitar el papel film y envolver el mochi en una hoja de cerezo.

Para 20 hojas de cerezo
- 20 hojas de cerezo tiernas (que se recogen en primavera)
- 2 cucharadas soperas de agua caliente
- 1 cucharadita de café de sal

Hojas de cerezo saladas (¡si hay algún árbol accesible!)

En un tazón, disolver la sal en el agua. Dejar que se enfríe a temperatura ambiente.

En una olla, llevar el agua a ebullición. Escaldar las hojas de cerezo durante 1 minuto. Escurrirlas y sumergirlas en agua fría. Volverlas a escurrir y ponerlas en una bolsa de congelación con el agua salada una vez que se haya enfriado. Dejar marinar al menos 2 días en el refrigerador. Escurrir las hojas.

Estas hojas pueden conservarse 1 mes en el refrigerador o 1 año en el congelador.

Evidentemente, en los supermercados japoneses y en las web de venta en línea (véanse direcciones en la p. 142) se pueden comprar estas hojas de cerezo en salmuera listas para su uso.

Preparación: 5 minutos
Cocción: 3 minutos
Reposo: 2 horas

Para 8 a 10 personas
- 400 g de pasta de frijoles anko (koshi-an, véase p. 24)
- 150 ml de agua
- 3 g de agar-agar en polvo
- 1 cucharadita de café de sal

Truco

Esta receta, que en Japón se toma con té verde, se puede enriquecer añadiendo castañas al almíbar que se verterá en el molde antes de echar la pasta anko.

Mizu yokan

En una olla, mezclar el agua con la sal, la pasta anko y el agar-agar en polvo.

Llevar a ebullición y mantener el hervor durante 30 segundos batiendo sin parar.

Verter la preparación en un molde pequeño con base extraíble (y si no, forrarlo con papel film para facilitar el desmoldado). Dejar que se enfríe a temperatura ambiente y luego meterla 2 horas como mínimo en el refrigerador.

Desmoldar el mizu yokan y cortarlo en tiras antes servirlo.

Anpan

Preparación: 30 minutos
Cocción: 12 minutos
Reposo: 1 hora 55 minutos

Para 10 anpan

- 320 g de pasta de frijoles anko (tsubu-an, véase p. 24)
- 1 huevo batido
- 250 g de harina blanca
- 1 cucharada sopera de fécula de maíz
- 1.5 cucharadita de café de levadura seca
- 100 ml de leche
- 35 g de mantequilla a temperatura ambiente
- 50 g de azúcar refinado
- 1 cucharadita de café de sal

Para la fase final

- 1 huevo
- Semillas de ajonjolí negro
- 1 cucharada sopera de agua
- 1 pizca de sal

En un tazón, diluir el azúcar y la levadura seca en la leche, y dejar reposar 5 minutos.

En una ensaladera, mezclar la harina con la fécula y la sal. Añadir el contenido del tazón y mezclar. Añadir el huevo batido y mezclar de nuevo. Cortar la mantequilla en cuadrados e incorporarla a la masa.

Amasar durante 10 minutos (o 4 minutos con la amasadora eléctrica). La masa debe ser flexible pero no pegarse a los dedos. Ajustar si es necesario añadiendo leche, si la masa es demasiado seca, o harina, si es demasiado pegajosa. Formar una bola y ponerla en una ensaladera. Tapar con un trapo y dejarla reposar en un lugar templado durante 1 hora; la bola debe duplicar su volumen.

Cuando la masa ha duplicado su volumen, amasarla rápidamente para eliminar el aire. Formar de nuevo una bola y cortarla en 8 partes iguales. Hacer 8 bolitas y ponerlas sobre la bandeja del horno forrada con papel vegetal. Tapar con papel film y dejar reposar 15 minutos.

Anpan (cont.)

Mientras tanto, formar 8 bolas de pasta anko con una cuchara para helados.

Enharinar la superficie de trabajo. Tomar una bola de masa, extenderla para obtener un círculo de unos 10 cm de diámetro y poner una bola de pasta anko en el centro. Cerrar la masa. Dejar reposar 30 minutos sobre la bandeja del horno, tapada con papel film.

Precalentar el horno a 200 °C (t. 6-7)

En un tazón, batir el huevo con la pizca de sal y el agua. Con un pincel, untar los bollitos de masa con el huevo batido. Poner algunas semillas de ajonjolí en la parte superior.

Hornear durante 12 minutos. Dejar que se enfríen antes de comerlos.

Para conservar lo mejor posible estos anpan y que no pierdan su esponjosidad, envolverlos en un trapo de cocina y guardarlos en un recipiente hermético.

Preparación: 15 minutos
Cocción: 3 minutos
Reposo: 2 horas 30 minutos

Para 4 a 6 personas
- 2 kiwis
- 1 puñado de alquequenjes (o de kumquats)
- 2 cucharadas soperas de jugo de yuzu (o de jugo de mandarinas clementinas y limones mezclado)
- 1 g (½ cucharadita de café) de agar-agar
- 200 ml de agua
- 100 g de azúcar refinado

Gelatina de frutas con agar-agar

Pelar los kiwis y los alquequenjes, y cortarlos en daditos.

En una olla, mezclar el agua con el agar-agar y el azúcar. Llevar a ebullición batiendo sin parar.
En cuanto el azúcar se disuelva, retirar del fuego.
Apartarlo del fuego durante 5 minutos.
Añadir el jugo de yuzu y mezclar.

Repartir los cuadritos de kiwi y de alquequenje en pequeños moldes. Verter la mezcla con yuzu.

Dejar que se enfríen a temperatura ambiente y meterlos en el refrigerador durante al menos 2 horas antes de comerlos.

Truco

Esta receta puede prepararse la víspera o incluso dos días antes. Evidentemente, es posible escoger las frutas de temporada.

Preparación: 20 minutos
Cocción: 10 minutos

Para unos 12 manjus
- 200 g de pasta de frijoles anko (véase p. 24)
- 90 g de harina blanca con levadura incorporada
- 2 cucharadas soperas de agua
- 60 g de azúcar refinado

Manju

Formar 12 bolitas de pasta anko. Reservar en el refrigerador.

Tamizar la harina. En una ensaladera, mezclar el azúcar y el agua. Incorporar la harina. Mezclar con la mano para formar una masa homogénea. Dividirla en 12 porciones. Extender un trozo de masa en la palma de la mano para formar un círculo.

Poner una bolita de pasta anko en el centro de ese círculo. Cerrar la masa para obtener una bola. Ponerla en un cestillo para cocer al vapor forrado con un paño de muselina o con papel de horno. Hacer lo mismo con el resto de los ingredientes.

Cocer los manjus al vapor durante 10 minutos. Comer calientes o dejar que se enfríen a temperatura ambiente.

Preparación: 15 minutos
Cocción: 35 minutos
Reposo: 4 horas

Para 10 personas
- 130 g de harina
- 6 huevos
- 75 g de miel líquida diluida en 3 cucharadas soperas de agua caliente
- 120 g de azúcar refinado

Truco

El kasutera se conserva muy bien varios días en el refrigerador. Procurar envolverlo bien siempre con papel film para evitar que se reseque.

Kasutera o castella

Reservar 2 cucharadas soperas de la mezcla a base de miel. Forrar un molde rectangular de 20 cm de largo con papel vegetal. Precalentar el horno a 180 °C. Tamizar la harina en una ensaladera.

Romper los huevos en el tazón de una batidora. Batirlos, añadir el azúcar y batir a la máxima velocidad durante 5 minutos. Añadir la miel, batir de nuevo y añadir la mitad de la harina tamizada. Batir e incorporar la harina restante. Echar la mezcla en el molde y hornear durante 35 minutos.

Al sacarlo del horno, untar el kasutera con la miel reservada y envolverlo en papel film retirando el papel vegetal. Dejar reposar al menos 4 horas a temperatura ambiente. Retirar los bordes del kasutera y cortarlo en rebanadas antes de servirlo.

Preparación: 45 minutos

Para 12 wagashis (3 de cada tipo)

Para los wagashis shibori (verde y amarillo)
- 60 g de pasta de alubias shiro-an (véase p. 26)
- 45 g de nerikiri verde (véase p. 30)
- 45 g de nerikiri amarillo (véase p. 30)

Para el hana wagashi (flor rosa)
- 60 g de shiro-an (véase p. 26)
- 90 g de nerikiri rosa (véase p. 30)
- 6 g de nerikiri amarillo (véase p. 30)

Para el aki wagashi (otoño)
- 60 g de pasta anko (tsubu-an, véase p. 24)
- 45 g de nerikiri verde (véase p. 30)
- 45 g de nerikiri amarillo (véase p. 30)

Wagashi

Wagashi shibori (verde y amarillo)

Formar 3 bolitas de shiro-an. Dividir el nerikiri verde en 3 bolitas. Hacer lo mismo con el nerikiri amarillo.

Aplastar ligeramente 1 bolita verde y 1 bolita amarilla entre los dedos. Disponer en una superficie de trabajo 2 trozos de papel film y extender la pasta apretando con ayuda de una espátula rasqueta o con un plato llano para obtener un círculo. Retirar el papel film y poner ese disco de pasta nerikiri sobre un paño de muselina limpio.

Colocar en el centro 1 bolita de shiro-an y cerrar el paño de muselina. Retorcerlo para formar una bola. Hacer lo mismo con los otros 2 wagashis.

Hana wagashi (flor rosa)

Formar 3 bolitas de shiro-an. Dividir el nerikiri rosa en 3 bolitas. Extender 1 bolita rosa entre 2 trozos de papel film. Retirar el film y poner la pasta extendida en la palma de la mano. Colocar 1 bolita de shiro-an en el centro y recubrirla con pasta rosa para formar una bola.

Wagashi *(cont.)*

Hana wagashi *(cont.)*

Usando el filo romo de un cuchillo, hacer 8 incisiones alrededor de la bolita para formar los pétalos de una flor. Ponerla en una fuente. Con la punta redondeada de un palillo (el extremo opuesto a la punta), presionar ligeramente la parte superior de la flor, en la intersección de las 8 incisiones, para crear un pequeño hueco. Pasar el nerikiri amarillo a través de un colador apretándolo con el dorso de una cuchara. Tomar unos pocos de esos filamentos amarillos con unos palillos y colocarlos con cuidado en el hueco de la parte superior de la flor. Hacer lo mismo con los otros 2 wagashis.

Aki wagashi (otoño)

Formar 3 bolitas de pasta anko. Prensar por separado el nerikiri verde y el amarillo en una prensa de ajos o mediante un colador ancho. Colocar con cuidado esos filamentos alrededor de las bolitas de pasta anko usando unos palillos. Simplemente dejar que la pasta asome por la parte superior. Hacer lo mismo con los otros 2 wagashis.

Evidentemente puedes crear tus propias combinaciones de colores o de formas. ¡Da rienda suelta a tu creatividad!

Preparación: 10 minutos
Cocción: 5 minutos

Para unas 6 personas

Para la masa
- 60 g de warabiko (en supermercados asiáticos, puede reemplazarse por harina de tapioca)
- 300 ml de agua
- 50 g de azúcar refinado
- 1 pizca de sal

Para el acabado
- 30 g de kinako (harina de soya tostada, en tiendas de productos orgánicos o en supermercados japoneses)
- 1 chorrito de miel de agave (o miel de maple)

Warabi mochi

Mezclar todos los ingredientes de la masa en una olla. Calentar a fuego lento batiendo sin parar hasta que la mezcla espese y se vuelva transparente.

Tamizar la mitad del kinako sobre una bandeja de horno. Poner la masa resultante sobre el kinako. Cubrir con el kinako restante tamizándolo también. Cortar cuadrados en la masa. Comprobar que esté bien recubierta de kinako.

Servir con un chorrito de miel de agave.

Se puede sustituir el warabiko por 30 g de harina de arroz glutinoso y 30 g de harina de tapioca, ambas más fáciles de encontrar en cualquier supermercado asiático.

新しいデザート

Dulces
modernos

Junto a los wagashis (véase p. 64), en Japón existen numerosos postres inspirados en la repostería occidental. Así, el cheesecake japonés, mucho más ligero que su primo estadounidense, se ha convertido en un imprescindible de los dulces nipones. ¡Los helados se incorporan a la familia de los mochis, las frutas se comen en tempura y los petisús se aromatizan con ajonjolí negro!

Melonpan

Preparación: 1 hora
Cocción: 15 minutos
Reposo: 3 horas

Para 6 melonpan

Para la masa de pan
- 1 cucharada sopera de huevo batido
- 140 g de harina blanca + una pequeña cantidad para amasar
- 3 g de levadura de panadería seca
- 70 ml de leche
- 15 g de mantequilla a temperatura ambiente
- 25 g de azúcar refinado
- 1 pizca de sal

Para la masa
- 25 g de huevo batido (aproximadamente ½ huevo) a temperatura ambiente
- 80 g de harina blanca + una pequeña cantidad para extender la masa
- 1 pizca de levadura química
- 25 g de mantequilla a temperatura ambiente
- 35 g de azúcar refinado

Empezar preparando la masa de pan. En una ensaladera, mezclar la harina con el azúcar, la sal y la levadura. En una olla, templar la leche. Fuera del fuego, incorporar el huevo batido. Verterlo poco a poco en la ensaladera mientras se remueve con una espátula. Poner la masa resultante sobre la superficie de trabajo recubierta de harina.

Formar una bola y amasarla durante 5 minutos. Extenderla toscamente.

Cortar la mantequilla en daditos y disponerlos encima de la masa extendida. Cubrir la mantequilla enrollando la masa sobre sí misma y volver a amasar. Continuar amasando durante 10 minutos. Formar una bola y ponerla en una ensaladera. Tapar con un trapo y dejar que suba durante 1 hora en un lugar templado, protegida de las corrientes de aire; en el horno apagado, por ejemplo.

Mientras tanto, preparar la masa. En una ensaladera, batir la mantequilla hasta obtener una consistencia cremosa. Añadir poco a poco el azúcar batiendo sin parar hasta que se disuelva.

Melonpan (cont.)

Truco

Para comprobar que la masa de pan ha subido lo suficiente, basta con clavar el dedo en el centro de la bola; si no se cierra, ya ha fermentado bastante.

Añadir a continuación la mitad del huevo batido. Batir e incorporar la otra mitad. Tamizar la harina con la levadura. Incorporarlas poco a poco a la ensaladera con una espátula hasta obtener una masa homogénea. Poner la masa resultante sobre un papel film. Formar un rollo, envolverla con el film y dejarla reposar en el refrigerador durante 1 hora.

Formar las bolas de masa de pan

Cuando la masa de pan ha duplicado su tamaño, pasarla a la superficie de trabajo y amasarla de nuevo durante 2 minutos para eliminar el aire. Dividirla en 6 partes iguales. Formar una bola con cada parte. Ponerlas sobre una bandeja de horno y taparlas con papel film. Dejarlas reposar 15 minutos.

Preparar los discos de masa

Sacar el rollo de masa y quitarle el film. Cortarlo en 6 partes iguales. Extender cada parte para formar un disco de unos 12 cm de diámetro.

Finalizar los melonpan

Precalentar el horno a 180 °C (t. 6). Aplastar las bolas de masa de pan sobre la superficie de trabajo con la palma de la mano. Volver a hacer una bola y recubrirla con un disco de masa. Cerrarlo para envolver la bola, dejando una parte sin cubrir en la base. Echar azúcar en un tazón pequeño. Tomar el melonpan por la base que no está recubierta de masa y pasar la parte superior por el azúcar dándole golpecitos para que se adhiera por toda la superficie. Con un cuchillo, hacer unas incisiones en forma de rombos en el melonpan y ponerlo sobre la placa de cocción. Hacer lo mismo con los demás melonpan. Dejarlos reposar 45 minutos. Hornearlos durante 15 minutos.

Daifuku de fresa

Preparación: 20 minutos
Cocción: 15 minutos

Para 8 daifukus
- 8 fresas
- 80 g de pasta de alubias shiro-an (véase p. 26)

Para el mochi
- 100 g de harina de arroz glutinoso
- Fécula de papa (o de maíz)
- 50 g de azúcar refinado

Truco
Se pueden elaborar los daifukus con numerosas frutas, dependiendo de la temporada: kiwi, melón, mango, caqui, etc.

Quitar el tallo de las fresas.

Dividir el shiro-an en 8 porciones y formar 8 bolitas.

Extender una bolita en la mano. Poner en el centro una fresa y envolverla con el shiro-an. Hacer lo mismo con las 7 bolitas restantes. Reservar en el refrigerador.

Elaborar el mochi siguiendo las indicaciones de la p. 28.

Confeccionar los daifukus de fresa procediendo de la misma manera que con los daifukus clásicos (p. 38), pero sustituyendo las bolitas de pasta anko por las fresas con shiro-an.

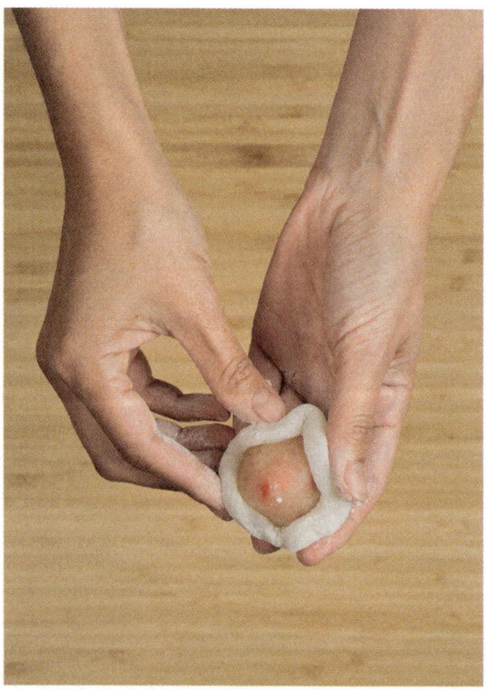

Preparación: 10 minutos
Cocción: 5 minutos
Heladera: 25 minutos

Para 1 l de helado de matcha
- 3 yemas de huevo
- 2 cucharadas soperas de té matcha
- 300 ml de leche entera
- 300 ml de nata líquida
- 90 g de azúcar refinado

Preparación: 25 minutos
Cocción: 15 minutos
Reposo: 3 horas

Para 15 mochis con helado
- 500 g de mochi caliente (véase p. 28)
- 2 cucharadas soperas de fécula de papa
- 15 bolas (o 600 ml) de helado, al gusto (mezclando los colores: matcha, fresa, chabacano, etc.)

Mochi con helado de fresa, matcha y chabacano

Helado de matcha

En una ensaladera, batir enérgicamente el azúcar y las yemas de huevo hasta obtener una mezcla espumosa.

En una olla, calentar la leche y la nata líquida. En cuanto empiece a hervir, retirar del fuego e incorporar el matcha espolvoreándolo a través de un colador.

Verter esta mezcla todavía muy caliente sobre la mezcla de azúcar y huevos. Batir para obtener una preparación muy fina.

Echarlo todo en la olla. Calentar a fuego suave removiendo sin parar con una espátula de madera para que la crema espese. En cuanto la mezcla impregne la espátula, pasar un dedo por el dorso y, si el trazo permanece limpio y no se cierra, ya se puede retirar del fuego.

Dejar que se enfríe a temperatura ambiente y luego echar en una heladera. Ponerla en marcha durante unos 25 minutos.

Mochi con helado de fresa, matcha y chabacano (cont.)

Poner el mochi todavía caliente sobre la superficie de trabajo recubierta de fécula.

Espolvorear con fécula para evitar que se pegue y extender el mochi para obtener un grosor de 0.5 cm. Cortar 15 círculos de 10 cm de diámetro.

Apilarlos intercalando entre cada uno papel film. Dejar que se enfríen en el congelador durante al menos 10 minutos.

Sacar los círculos de mochi del congelador. Poner una bola de helado en medio de cada uno de ellos. Cerrarlos envolviendo la bola de helado con el mochi, utilizando papel film.

Comerlos enseguida o conservarlos en el congelador (hasta 6 meses). Sacarlos del congelador unos minutos antes de servir.

Tempura de frutas con chocolate

Preparación: 20 minutos
Cocción: 10 minutos

Para 4 personas
- 1 pera japonesa nashi (o 1 pera de carne firme)
- 1 caqui de carne firme
- 60 g de onzas de chocolate negro
- 100 g de harina para tempura
- 200 ml de agua fría
- Aceite para freír

Truco

Para una versión un poco más ligera, se puede sustituir el chocolate derretido espolvoreando los buñuelos con azúcar glas y rociándolos con algunas gotas de jugo de limón justo antes de comerlos.

Pelar y despepitar la pera, y cortarla en 8 láminas.

Pelar el caqui y cortarlo en forma de semicírculos.

Preparar la salsa de chocolate derritiendo las onzas al baño María. Mantenerlo así hasta el momento de servir.

Preparar la masa para la tempura: en una ensaladera, mezclar la harina con el agua fría.

Calentar el aceite para freír a 170 °C.

Sumergir el extremo de los palillos en aceite: la temperatura es la adecuada si aparecen burbujas a su alrededor. Bañar las frutas poco a poco en la masa para buñuelos y sumergirlas en el aceite. Hacerlo varias veces. Freír de 5 a 6 minutos, hasta que tengan una ligera coloración. Escurrir en papel de cocina.

Comerlo sumergiéndolo en el chocolate.

Preparación: 25 minutos
Cocción: 1 hora 10 minutos
Reposo: 3 horas

Para 10 personas (molde de 20 cm de diámetro)
- 5 huevos
- 280 g de queso fresco (tipo Philadelphia®)
- ½ limón (jugo + cáscara)
- 50 ml de leche
- 60 g de harina blanca
- 20 g de fécula de maíz
- 20 g de mantequilla
- 120 g de azúcar refinado
- 1 pizca de sal

Para servir (opcional)
- Frutas rojas
- Chantillí

Cheesecake japonés

Es probable que conozcas el tradicional cheesecake neoyorquino, pero la versión japonesa es bastante diferente porque no tiene una base de galletas y, sobre todo, su textura es mucho más esponjosa y ligera.

Asegurarse de que todos los ingredientes estén a temperatura ambiente y precalentar el horno a 180 °C (t. 6).

Cortar un círculo de papel de horno y ponerlo en el fondo de un molde de paredes altas para facilitar el desmoldado.

En una ensaladera, batir el queso fresco para obtener una textura homogénea. Separar las claras de las yemas. Incorporar una a una las yemas a la ensaladera. Añadir la mitad del azúcar. Batir enérgicamente.

En una olla, calentar la leche y la mantequilla hasta que se derrita. Verter esta mezcla sobre la preparación de queso fresco y batir. Añadir el jugo y la cáscara de limón. Mezclar. Tamizar la harina, la fécula y la sal. Añadir a la ensaladera y mezclar.

Cheesecake japonés (cont.)

Batir las claras lentamente. Cuando se vuelvan blancas, añadir la mitad del azúcar restante. Aumentar la velocidad e incorporar el resto del azúcar sin dejar de batir; parar cuando las claras estén montadas a punto de turrón.

Incorporar las claras montadas en 3 tandas a la ensaladera. Echar esta preparación en el molde. Ponerlo al baño María y hornear durante 15 minutos. Bajar la temperatura del horno a 150 °C y proseguir la cocción 55 minutos.

Apagar el horno, pero dejar reposar el cheesecake adentro 30 minutos. Sacarlo y dejarlo enfriar a temperatura ambiente durante 30 minutos más. Meterlo en el refrigerador al menos 2 horas.

Desmoldarla y servirla opcionalmente con frutas de temporada y chantillí.

Se puede preparar el cheesecake la víspera, ¡será aún mejor!

Preparación: 10 minutos
Cocción: 3 minutos
Reposo: 1 hora

Para 4 tarritos
- 60 g de semillas de ajonjolí negro
- 3 cucharadas soperas de tahini negro
- ½ cucharadita de café de agar-agar en polvo
- 200 ml de nata líquida
- 250 ml de leche
- 65 g de azúcar refinado

Panna cotta con ajonjolí negro

Machacar las semillas de ajonjolí en un mortero.

En un tazón, verter poco a poco la nata sobre el tahini negro mientras se remueve para obtener una preparación homogénea.

En una olla, mezclar la leche con el azúcar y el agar-agar. Calentar a fuego medio batiendo sin parar. Hervir durante 15 segundos, incorporar las semillas de ajonjolí trituradas y echar la mezcla en el tazón.

Mezclar y repartir en 4 tarros. Dejar que cuajen en el refrigerador durante al menos 1 hora antes de comerlos.

Preparación: 5 minutos
Cocción: 5 minutos
Reposo: 5 horas

Para 4 personas

- 180 g de chocolate negro de cobertura
- 300 g de tofu sedoso
- 3 cucharadas soperas de miel de agave (en tiendas de productos orgánicos)
- 3 cucharadas soperas de kinako (en supermercados asiáticos, opcional)
- Algunas grosellas (opcional)

Mousse de chocolate y tofu

Escurrir el tofu en un colador durante 10 minutos. Derretir el chocolate al baño María.

Fuera del fuego, añadir al chocolate derretido miel de agave, la mitad del kinako y el tofu escurrido. Triturar con la batidora de mano durante unos minutos hasta obtener una mezcla espumosa.

Repartir la preparación de chocolate en 4 moldes.

Reservar en el refrigerador durante 5 horas como mínimo. Sacar las mousses de el refrigerador 1 hora antes de comerlas. Espolvorear con el kinako restante y opcionalmente con algunas frutas justo antes de servir.

Petisús de ajonjolí negro

Preparación: 35 minutos
Cocción: 30 minutos
Reposo: 15 minutos

Para 16 petisús

Para el tahini
- 4 yemas de huevo
- 45 g de puré de ajonjolí
- 2 cucharadas soperas de semillas de ajonjolí molidas
- 35 g de fécula de maíz
- 350 ml de leche entera
- 70 g de azúcar refinado

Para la pasta choux
- 2 huevos grandes
- 70 g de harina
- 120 ml de agua
- 50 g de mantequilla
- 1 cucharadita de café de azúcar refinado
- 1 pizca de sal

Para el glaseado
- 2 cucharadas soperas de semillas de ajonjolí negro
- 100 g de *fondant* blanco
- 1 cucharada sopera de agua

Preparar el tahini

En una ensaladera, mezclar las yemas de huevo con el azúcar y la fécula.

En una olla llevar la leche a ebullición. Verterla sobre la mezcla de huevos. Batirlo. Verterlo todo en la olla, añadir las semillas de ajonjolí y calentar a fuego suave batiendo sin parar. En cuanto la mezcla empiece a espesar, retirar del fuego y añadir el puré de ajonjolí. Echar en una fuente.

Tapar con un papel film de forma que esté en contacto con la preparación. Dejar que se enfríe a temperatura ambiente y reservar en el refrigerador.

Preparar la pasta choux

Precalentar el horno a 180 °C (t. 6).

Petisús de ajonjolí negro (cont.)

Cortar la mantequilla en cuadritos. Tamizar la harina. En una olla, echar el agua con la mantequilla, el azúcar y la sal. Calentar a fuego suave y retirar del fuego en cuanto comience a hervir. Fuera del fuego, incorporar la harina tamizada. Batir hasta obtener una mezcla homogénea. Volver a ponerlo en el fuego y batir para que la mezcla se seque y se separe fácilmente de los bordes de la olla. Añadir los huevos uno a uno y batir. Echarlo en una manga pastelera.

Con la manga pastelera, hacer unos 15 rollitos de 12 cm de largo en una bandeja de horno forrada con papel vegetal.

Hornear durante 25 minutos. Apagar el horno y dejar los petisús dentro durante 15 minutos.

Cortarlos con un cuchillo de sierra a lo largo.

Sacar tahini del refrigerador. Batirlo y meterlo en una manga pastelera. Rellenar los pastelitos.

Terminar con el glaseado

En una olla, calentar a fuego suave el *fondant* blanco con el agua y las semillas de ajonjolí removiendo con una espátula hasta que esté templado y fluido. Napar con un chorrito cada petisús.

Preparación: 10 minutos
Cocción: 10 minutos
Reposo: 10 minutos

Para 16 mantecadas
- 2 huevos
- 70 g de tahini negro
- 3 cucharadas soperas de semillas de ajonjolí negro
- 1 cucharada sopera de carbón vegetal en polvo (opcional)
- 140 g de harina
- ½ cucharadita de café de levadura química
- 70 g de mantequilla
- 140 g de azúcar refinado

Mantecadas de ajonjolí negro

Precalentar el horno a 220 °C (t. 7-8). En una ensaladera, batir los huevos y el azúcar hasta obtener una mezcla espumosa. Derretir la mantequilla. Engrasar los moldes de mantecadas y mezclar el resto de la mantequilla y el tahini negro. Verter en la ensaladera y batir.

Triturar las semillas de ajonjolí negro en un mortero. En un tazón, mezclar la harina con el carbón vegetal, las semillas de ajonjolí negro y la levadura.

Incorporar esta mezcla a la preparación de huevos. Dejar reposar 10 minutos. Echar la preparación en los moldes rellenándolos hasta tres cuartos de su altura. Hornear durante 10 minutos. Desmoldarlos y dejar que se enfríen sobre una rejilla.

抹茶

Matcha

En Japón el matcha suele considerarse el más exquisito de los tés verdes. Las hojas de té más nobles se secan y luego se muelen para obtener un polvo de gran finura.

Aunque el matcha se consume principalmente como bebida para la famosa ceremonia del té, también se utiliza en recetas dulces o saladas.

Su particular textura permite añadirlo con facilidad en postres (dulces, tiramisús, galletas, helados, macarons) a los que su color verde claro y su sutil sabor aportan un toque de auténtica originalidad.

El matcha es la nueva estrella de los postres contemporáneos: ¡una delicia beneficiosa para la salud!

Tiramisú con matcha

Preparación: 15 minutos
Reposo: 2 horas

Para 8 personas
- 1 cucharada sopera de té matcha en polvo
- 16 soletas
- 2 huevos orgánicos extra frescos
- 200 g de queso mascarpone
- 120 ml de agua caliente
- 60 g de azúcar refinado
- 1 pizca de sal

Preparar la crema de mascarpone: separar las claras de las yemas. En una ensaladera, batir las yemas con el azúcar y añadir el mascarpone para obtener una mezcla homogénea.

Montar las claras a punto de turrón con la pizca de sal e incorporarlas con cuidado a la mezcla anterior. Hacer una infusión con ½ cucharada sopera de matcha en un tazón con el agua caliente.

Remojar los pasteles uno a uno en el té y colocarlos juntos en el fondo de una fuente honda. Echar un poco de crema de mascarpone por encima. Añadir otra capa de pasteles y acabar con una capa de crema de mascarpone.

Meter el tiramisú en el refrigerador durante 2 horas, aunque lo ideal es prepararlo la víspera. Utilizando un colador fino, espolvorear el matcha restante por encima justo antes de servirlo.

Preparación: 45 minutos
Cocción: 40 minutos
Reposo: 1 hora

Para 8 a 10 personas (molde de 20 cm de diámetro)
- 1 cucharada sopera de té matcha
- 5 huevos
- 100 g de harina blanca
- 1 cucharadita de café de levadura química
- 50 ml de leche
- 80 ml de aceite de girasol
- 100 g de azúcar refinado

Para la crema (ingredientes muy fríos)
- 120 g de queso mascarpone
- 250 ml de nata líquida
- 60 g de azúcar glas

Para decorar
- 1 bandeja de 250 g de fresas
- Té matcha para espolvorear la superficie

Pastel chiffon de fresas y matcha

Separar las yemas de las claras. Precalentar el horno a 180 °C (t. 6).

Cortar un círculo de papel de horno y ponerlo en el fondo del molde para facilitar el desmoldado.

En una ensaladera, batir las yemas de huevos y la mitad del azúcar hasta que la mezcla se vuelva espumosa. Echar el aceite de girasol, batir y añadir la leche. Batir de nuevo.

En otra ensaladera, tamizar la harina, la levadura y el matcha. Juntar los ingredientes de las dos ensaladeras.

Batir las claras lentamente. Cuando se vuelvan blancas, añadir la mitad del azúcar restante. Aumentar la velocidad e incorporar el resto del azúcar sin dejar de batir. Detener cuando las claras estén montadas a punto de turrón. Incorporar las claras montadas en 3 tandas a la mezcla de la ensaladera. Verter esta preparación en el molde.

Pastel chiffon de fresas y matcha (cont.)

Hornear durante 40 minutos. Comprobar la cocción con la punta de un cuchillo: tiene que salir seca del pastel. Al sacarlo del horno, dejar que se enfríe sobre una rejilla.

Batir el mascarpone, la nata líquida y el azúcar en chantillí. Meterlo en una manga pastelera y reservar en el refrigerador.

Quitar el tallo de las fresas. Reservar algunas para la decoración. Cortar un tercio de las fresas restantes en cuadritos y el resto por la mitad.

Desmoldar el pastel y cortarlo horizontalmente por la mitad con un cuchillo de pan para obtener dos discos de pastel. Poner uno de ellos en un molde redondo desmontable del mismo diámetro y repartir las fresas cortadas por la mitad a lo largo del perímetro del disco. Colocar los cuadritos de fresa en el centro y cubrirlo todo con chantillí de mascarpone. Poner encima el segundo disco de pastel. Extender por encima el resto del chantillí.

Reservar en el refrigerador durante al menos 1 hora.

Antes de servir, retirar la pared del molde, espolvorearlo con matcha y decorar el pastel chiffon con las fresas reservadas.

Pastel de matcha

Preparación: 20 minutos
Cocción: 50 minutos
Reposo: 30 minutos

Para 10 personas (molde rectangular de 20 cm de largo)

- 1 cucharada sopera de té matcha
- 100 g de avellanas
- 1 cucharada sopera de semillas de ajonjolí negro
- 2 huevos
- 120 g de yogur natural
- 150 g de harina
- ½ sobrecito de levadura química
- 100 g de mantequilla
- 150 g de azúcar refinado

Tostar las avellanas en una sartén a fuego fuerte, sin aceite. Cuando empiecen a dorarse, saltearlas durante 2 minutos. Triturarlas con la batidora de mano para reducirlas a polvo.

Precalentar el horno a 180 °C (t. 6). Mientras, derretir la mantequilla. En una ensaladera, batir el yogur con los huevos y el azúcar. Añadir la mantequilla derretida. En una segunda ensaladera, tamizar la harina con la levadura y el matcha. Mezclar el contenido de las dos ensaladeras. Añadir las avellanas en polvo. Forrar un molde para pastel con papel de horno y echar la masa. Espolvorear por encima las semillas de ajonjolí negro.

Hornear durante 45 minutos. Comprobar la cocción clavando la punta de un cuchillo en el pastel: debe salir seca. Dejar que el pastel se enfríe sobre una rejilla al sacarlo del horno.

ばれ茶

Preparación: 50 minutos
Cocción: 25 minutos
Reposo: 1 hora

Para unos 24 macarons

Para los macarons de matcha
- 2 cucharaditas de café de té matcha
- 100 g de almendras en polvo
- 75 g de clara de huevo a temperatura ambiente (aproximadamente 2 claras grandes)
- 2 cucharadas soperas de agua
- 100 g de azúcar glas
- 100 g de azúcar refinado

Para el *coulis* de frambuesa
- 150 g de frambuesas frescas o congeladas
- 80 g de azúcar refinado

Para decorar
- 24 frambuesas pequeñas frescas

Macarons de frambuesas y matcha

Empezar preparando el *coulis*. En una olla pequeña de fondo grueso, cocer a fuego suave las frambuesas y el azúcar mezclando de vez en cuando unos 4 minutos. Con una batidora de mano, triturar el contenido de la olla para obtener un puré. Cocer otros 4 minutos para que se espese. Retirar del fuego y dejar que se enfríe a temperatura ambiente antes de meterlo en el refrigerador.

Preparar los macarons. Mezclar las almendras en polvo y el azúcar glas para refinar la mezcla. Tamizarla encima de una ensaladera.

Echar la mitad de las claras en el tazón de la batidora de varillas eléctrica. Poner el azúcar refinado en una olla. Añadir el matcha y el agua, y mezclarlo con una espátula. Calentar a fuego medio comprobando la temperatura con un termómetro. Cuando el almíbar de matcha alcance los 100 °C, empezar a montar las claras a punto de turrón.

KENWOOD

Macarons de frambuesas y matcha (cont.)

Truco

Para evitar que los macarons se agrieten al hornearlos, se recomienda abrir 2 o 3 veces la puerta del horno durante la cocción.

Cuando las claras estén casi firmes y el almíbar alcance los 118 °C, echarlo sobre las claras sin dejar de batirlas. Cuando el merengue esté muy firme, parar la batidora de varillas.

Incorporar el resto de las claras a la mezcla de almendras y azúcar glas. Añadir en varias tandas el merengue italiano de matcha a esta mezcla. Trabajarlo con la espátula hasta que la preparación esté muy fina.

Precalentar el horno a 150 °C (t. 5).

Con una manga pastelera, hacer círculos de aproximadamente 4 cm de diámetro sobre una bandeja de horno forrada con papel vegetal. Deberán obtenerse 48 círculos en dos bandejas. Sacudir ligeramente la parte inferior de la bandeja con la palma de la mano para alisar la superficie de los macarons. Hornearlos de 12 a 14 minutos. Dejar que se enfríen 5 minutos antes de despegarlos.

Meter el *coulis* de frambuesa en una manga pastelera. Rellenar un macaron con el *coulis* y poner encima una frambuesa fresca. Cubrir con un segundo macaron y apretar con cuidado para que el relleno esté bien repartido. Hacer lo mismo con el resto de los macarons.

Dejar reposar en el refrigerador durante al menos 1 hora antes de comerlos.

Preparación: 20 minutos
Reposo: 30 minutos
Cocción: 12 minutos

Para 20 galletas

- 2 cucharaditas de café de té matcha
- 40 g de almendras tostadas en polvo (la misma preparación que para las avellanas en polvo, p. 106)
- 1 huevo
- 150 g de harina blanca
- 70 g de mantequilla cortada en cuadritos a temperatura ambiente
- 80 g de azúcar refinado
- 1 pizca de sal

Truco

Tostar las almendras antes de triturarlas permite intensificar su sabor. Pero si no se dispone de tiempo, se pueden utilizar almendras en polvo.

Galletas de matcha

En el tazón de una batidora de cocina, mezclar la harina con el azúcar, las almendras en polvo, el matcha y la sal. Añadir los cuadritos de mantequilla. Mezclar a velocidad media hasta obtener una mezcla arenosa. Incorporar el huevo. Mezclar para obtener una bola de masa que no debe ser pegajosa ni demasiado seca; ajustar si es necesario con un poco de harina o agua.

Formar un rollo y envolverlo en un papel film. Refrigerar durante al menos 30 minutos.

Precalentar el horno a 180 °C (t. 6).

Quitar el film y cortar el rollo en 20 rodajas. Ponerlas sobre la bandeja de horno forrada con papel vegetal. Hornear de 10 a 12 minutos, dependiendo del grosor de las rodajas.

Preparación: 45 minutos
Reposo: 1 hora
Cocción: 16 a 18 minutos

Para 1 tarta de Ø 26 cm o 10 tartitas

Para la masa de matcha
- 1 cucharada sopera de té matcha
- 1 yema de huevo
- 125 g de harina semiintegral T-80
- 60 g de mantequilla blanda
- 50 g de azúcar refinado
- 1 pizca de sal

Para la crema de limón
- 3 huevos
- El jugo de 2 limones
- 1 cucharada sopera de fécula de maíz
- 80 g de azúcar refinado

Para el merengue de matcha
- 1 cucharadita de café de té matcha
- 2 claras de huevo
- 1 pizca de levadura química
- 60 g de azúcar glas

Tartas de limón y matcha

Preparar la masa de matcha. Cortar la mantequilla en cuadritos. En el tazón de una batidora, mezclar la harina con el azúcar, el matcha y la sal. Añadir la mantequilla. Mezclar a velocidad media para obtener una preparación arenosa. Incorporar la yema de huevo. Mezclar para obtener una bola de masa que no debe ser pegajosa ni demasiado seca; ajustar si es necesario con un poco de harina o agua.

Precalentar el horno a 180 °C (t. 6). Aplanar la masa entre dos hojas de papel de horno. Forrar los moldes con la masa. Quitar el papel de encima. Pinchar la masa con un tenedor.

Hornear de 8 a 10 minutos.

Preparar la crema de limón poniendo en una olla el jugo de limón, el azúcar, los huevos y la fécula. Batir hasta obtener una mezcla espumosa. Calentar a fuego lento removiendo frecuentemente con una espátula hasta que se espese. Extender esta crema sobre el fondo de las tartas una vez que se hayan enfriado.

Tartas de limón y matcha (cont.)

Elaborar el merengue de matcha. En una ensaladera, mezclar el azúcar con el matcha y la levadura. En una batidora, batir las claras a velocidad lenta. Cuando se vuelvan blancas, añadir la mitad del contenido de la ensaladera. Aumentar la velocidad e incorporar el resto sin dejar de batir. Detener cuando las claras adquieran una consistencia firme a punto de turrón.

Con una manga pastelera, rellenar las tartas de limón con el merengue. Dorarlo con un soplete o con el gratinador del horno.

Reservarlas en el refrigerador durante al menos 1 hora antes de comerlas.

También se pueden preparar las tartas la víspera. En este caso, solo habrá que elaborar el merengue el mismo día.

Trufas con matcha

Preparación: 25 minutos
Cocción: 5 minutos
Congelación: 30 minutos
Reposo: 2 horas 40 minutos

Para 20 trufas
- 1 cucharada sopera de té matcha
- 200 g de chocolate blanco
- 30 g de almendras en polvo
- 70 g de chocolate negro, para la cobertura
- 100 ml de nata líquida
- 20 g de mantequilla a temperatura ambiente
- 1 pizca de sal

Preparar la mezcla. En una ensaladera, trocear el chocolate blanco. Añadir las almendras en polvo, la pizca de sal y el matcha. En una olla, calentar la nata. En cuanto comience a hervir, verter en la ensaladera. Mezclar para que el chocolate se derrita en contacto con la nata caliente. Cortar la mantequilla en cuadritos e incorporarlos a la preparación. Tapar la ensaladera con un papel film y reservar la mezcla 2 horas en el refrigerador.

Con una cucharita tomar un poco de la mezcla para formar una bolita con las manos. Hacer así 20 bolitas y congelarlas durante 30 minutos.

Derretir el chocolate negro al baño María. Con un tenedor para cobertura o un palillo japonés de *fondue,* bañar las bolitas de la mezcla en el chocolate fundido y ponerlas sobre papel de horno. Dejar reposar las trufas hasta que la cobertura se haya endurecido.

Preparación: 15 minutos
Cocción: 8 minutos

Para 6 personas
- 8 g de té matcha
- 12 onzas de chocolate negro
- 70 g de avellanas tostadas en polvo (véase p. 106)
- 3 huevos
- 30 g de harina
- 30 g de fécula de maíz
- 100 g de mantequilla
- 100 g de azúcar refinado
- 1 pizca de sal

Coulants de matcha y chocolate

Precalentar el horno a 180 °C (t. 6). En una ensaladera, batir los huevos con el azúcar hasta obtener una mezcla espumosa. Diluir el matcha en 2 cucharadas soperas de agua caliente. Derretir la mantequilla. Añadir el matcha y la mantequilla a la ensaladera. Mezclar.

En otra ensaladera, mezclar la harina con la fécula, la sal y las avellanas en polvo. Mezclar los ingredientes de las dos ensaladeras.

Engrasar con mantequilla y enharinar los moldes. Echar la masa rellenándolos hasta la mitad. Poner 2 onzas de chocolate en el centro de cada molde. Cubrir con el resto de la masa y hornear durante 8 minutos. Comer enseguida porque el chocolate debe estar todavía caliente para que esté líquido.

アヂアのデザート

Otros postres asiáticos

En la mayoría de los países asiáticos se encuentran ingredientes comunes a los que se emplean en la repostería japonesa, como el arroz glutinoso, el ajonjolí o la pasta de frijoles. ¡Pero hay dulces muy específicos de cada país, como los hotcakes coreanos (véase p. 136) o las tartas de huevo al estilo de Hong Kong (véase p. 126), primas de los *pastéis de nata* portugueses!

Aquí te propongo algunas recetas para que tus papilas gustativas viajen de China a Tailandia.

Tapioca con coco y maracuyá

Preparación: 10 minutos
Cocción: 20 minutos
Reposo: 2 horas

Para 4 personas
- 4 cucharadas soperas de perlas de tapioca
- 600 ml de leche de coco
- 1 sobrecito de azúcar vainillado
- 2 cucharadas soperas de azúcar refinado

Para decorar
- ½ mango
- 1 maracuyá
- La cáscara de 1 lima

Poner las perlas de tapioca en una olla con la mitad de la leche de coco. Dejar reposar durante 1 hora. Añadir a la olla el resto de la leche de coco, el azúcar vainillado y el azúcar. Llevar a ebullición y cocer de 15 a 20 minutos a fuego suave, removiendo regularmente.

Repartir la preparación en 4 vasitos. Dejar reposar en el refrigerador durante 1 hora.

Antes de servir, pelar el mango y cortarlo en cuadritos. Sacar la pulpa del maracuyá. Decorar las cremas de tapioca con las frutas y la cáscara de lima antes de servir.

Preparación: 30 minutos
Cocción: 20 minutos
Reposo: 50 minutos

Para 30 tartas

Para la masa
- 200 g de harina
- 1 huevo batido
- 140 g de mantequilla a temperatura ambiente
- 1 cucharada sopera de azúcar refinado
- 1 pizca de sal

Para la masa de agua
- 1 yema de huevo
- 200 g de harina
- 80 ml de agua
- 1 pizca de sal

Para la crema de huevos
- 3 huevos
- 250 ml de leche
- Unas gotas de extracto de vainilla
- 100 g de azúcar refinado

Tartas de huevo al estilo de Hong-Kong

Preparar la masa. En una ensaladera, mezclar la harina con el azúcar y la sal. Cortar la mantequilla en cuadritos. Incorporarlos a la mezcla con una espátula. Añadir el huevo batido. Mezclar y formar una bola. Envolverla con papel film. Reservar en el refrigerador durante 20 minutos.

Preparar la masa de agua poniendo todos los ingredientes en el tazón de una batidora. Triturar para obtener una pasta. Extenderla entre dos trozos de papel film. Poner encima la masa quitándole el film y extenderla toscamente con la palma de la mano. Doblar los dos lados hacia el centro y aplastar la masa con un rodillo de amasar para obtener un rectángulo. Plegar la pasta resultante 90° y doblar de nuevo los dos lados hacia el centro y aplastar. Plegar otra vez la masa 90° y hacer lo mismo repitiendo 3 veces esta operación. Envolver el rectángulo de masa resultante en papel film y reservar 30 minutos en el refrigerador.

Tartas de huevo al estilo de Hong-Kong (cont.)

Precalentar el horno a 200 °C (t. 6-7).

Mientras tanto, preparar la crema de huevos. Verter la leche en una olla con el azúcar. Calentar a fuego suave para disolver el azúcar. En una ensaladera, batir los huevos. Echar la leche caliente batiendo sin parar. Filtrar la crema con un colador fino.

Sacar la masa del refrigerador. Extenderla ligeramente entre dos trozos de papel film. Cortar círculos de 10 cm de diámetro y ponerlos en moldes de tartas de 8 cm de diámetro engrasados con mantequilla (salvo si son de silicona). Repartir la crema de huevos en los moldes.

Hornear las tartas durante 20 minutos. A mitad de la cocción, bajar la temperatura del horno a 160 °C (t. 5-6) para evitar que la crema se hinche. Comer templadas.

Para una receta exprés, se puede utilizar masa de hojaldre en lugar de la mezcla de masa de mantequilla y masa de agua.

Obleas de ajonjolí

Preparación: 10 minutos
Cocción: 10 minutos
Reposo: 15 minutos

Para 12 obleas
- 80 g de semillas de ajonjolí dorado y negro
- La clara de 1 huevo grande (40 g aproximadamente)
- 40 g de harina
- 20 g de mantequilla
- 40 g de azúcar refinado
- 1 pizca de sal

Precalentar el horno a 160 °C (t. 5-6).

En una ensaladera, batir la clara de huevo con el azúcar y la sal para obtener una mezcla espumosa. Tamizar la harina. Derretir la mantequilla. Añadir la harina y la mantequilla a la ensaladera. Batir. Incorporar las semillas de ajonjolí.

Poner 1 cucharada sopera pequeña de la mezcla de ajonjolí sobre una bandeja de horno forrada con papel vegetal. Aplastar utilizando un tenedor para obtener un disco de aproximadamente 8 cm de diámetro.

Hornear de 8 a 10 minutos.

Al sacarlas del horno, poner las obleas sobre una rejilla y dejar que se enfríen antes de comerlas.

Truco

Estas obleas se conservan muy bien en una caja hermética. Hay que dejar que se enfríen del todo para que estén crujientes antes de guardarlas en el recipiente.

Preparación: 30 minutos
Cocción: 35 minutos
Reposo: 1 hora 15 minutos

Para 12 perlas de coco

Para la masa
- 240 g de harina de arroz glutinoso
- 200 ml de agua
- 60 g de azúcar refinado
- 1 pizca de sal

Para la crema de soya
- 150 g de frijoles mungo amarillas peladas
- 60 g de coco rallado
- 80 g de azúcar refinado
- 1 pizca de sal

Perlas de coco

Preparar la crema de soya. Remojar los frijoles mungo en agua caliente durante 1 hora. Lavarlas, escurrirlas y cocerlas en 3 veces su volumen de agua durante 25 minutos.

Espumar a mitad de la cocción. Cuando las alubias estén cocidas, dejarlas escurriendo durante 15 minutos.

En una olla, mezclar los frijoles cocidos con el azúcar, la sal y 20 g de coco rallado; reservar el coco restante para el acabado.

Cocer a fuego lento durante 5 minutos removiendo sin parar con una espátula para que la preparación se seque. Se obtendrá una consistencia similar a la de la crema de castañas. Dejar que se enfríe. Formar 10 bolitas.

Perlas de coco (cont.)

En una ensaladera, mezclar todos los ingredientes de la masa. Formar 10 bolitas.

Aplastar cada bolita de masa para formar un disco de unos 5 cm de diámetro. Poner encima de cada disco una bolita de crema de soya. Cerrar el disco.

En una olla, llevar el agua a ebullición. Sumergir una a una las bolitas rellenas, metiéndolas en varias tandas. Dejar que se cuezan algunos minutos. Cuando suban a la superficie, cocerlas otros 2 minutos. Escurrirlas y colocarlas encima del coco rallado reservado.

Recubrir cada bola con coco. Comerlas templadas.

Para conservar la esponjosidad de las perlas de coco, envolverlas individualmente con papel film. Conservarlas como máximo 2 días a temperatura ambiente.

Hotcakes coreanos

Preparación: 25 minutos
Cocción: 15 minutos
Reposo: 1 hora

Para 8 hotcakes

Para los hotcakes
- 150 g de harina blanca
- 80 g de harina de arroz glutinoso
- 2.5 cucharaditas de café de levadura seca instantánea
- 200 ml de leche
- 1 cucharada sopera de aceite de oliva
- Aceite vegetal para la cocción
- 1 cucharada sopera de azúcar refinado
- 1 cucharadita de café de sal

Para el relleno
- 3 cucharadas soperas de nueces
- 1 cucharadita de café de canela molida
- 4 cucharadas soperas de azúcar moreno

En una ensaladera, mezclar las dos harinas con el azúcar, la levadura y la sal.

En un vaso, mezclar la leche y el aceite de oliva. Incorporar a la mezcla de la ensaladera con una espátula hasta obtener una masa homogénea. Tapar la ensaladera con un trapo limpio y dejar que la masa suba durante 1 hora a temperatura ambiente. Cuando haya duplicado su volumen, eliminar el aire de la masa presionándola en la ensaladera con el puño cerrado. Dejar reposar algunos minutos.

Mientras tanto, preparar el relleno triturando con una batidora todos los ingredientes.

Tomar una octava parte de la masa con la mano, untada previamente con aceite para evitar que se pegue. Extenderla toscamente en la palma de la mano. Poner en el centro 1 cucharada sopera de relleno. Cerrar la masa envolviendo el relleno y formar una bola.

Hacer lo mismo para obtener 8 bolitas. Calentar un poco de aceite vegetal en una sartén y poner de 1 a 3 bolitas, dependiendo de su tamaño.

Aplastarlas con una espátula para que tengan aproximadamente 1 cm de grosor. Cocinar de 2 a 3 minutos asegurándose de que los hotcakes estén bien dorados. Darles la vuelta y proseguir la cocción 2 minutos. Escurrir sobre papel de cocina. Hacer lo mismo con el resto de los hotcakes. Comer calientes o templadas.

Bolitas de ajonjolí

Preparación: 20 minutos
Cocción: 15 minutos

Para 12 bolitas

Para la masa
- 120 g de harina de arroz glutinoso
- 3 cucharadas soperas de semillas de ajonjolí dorado
- 80 ml de agua
- 50 g de azúcar refinado
- Aceite vegetal para la fritura

Para el relleno
- 50 g de crema de ajonjolí negro
- 30 g de semillas de ajonjolí negro
- 40 g de miel cristalizada
- 1 pizca de sal

En un tazón, mezclar todos los ingredientes del relleno. Reservar en el refrigerador.

En una ensaladera, mezclar la harina de arroz glutinoso con el azúcar y el agua. Debe obtenerse una masa que no se pegue. Formar 12 bolitas.

Tomar una bolita de masa y extenderla en la palma de la mano para obtener un disco. Poner 1 cucharada del relleno de ajonjolí negro en el centro. Cerrar la masa. Formar una bolita y recubrirla con semillas apretándolas ligeramente para que se adhieran a la masa. Hacer lo mismo con el resto de la masa.

Calentar el aceite vegetal en una olla. Freír las bolitas de ajonjolí en varias tandas. Darles la vuelta al cabo de 2 minutos. Cuando hayan adquirido un bonito color dorado, escurrirlas sobre papel de cocina. Comer calientes o templadas.

Wonton rellenos de fresas

Preparación: 15 minutos
Cocción: 30 minutos

Para 20 wonton
- 20 fresas sin el tallo
- 20 láminas de pasta al huevo para wonton (en supermercados asiáticos)
- Aceite para freír

Para la crema de soya
- 120 g de frijoles mungo amarillas peladas
- 40 g de coco rallado
- 60 g de azúcar refinado
- 1 pizca de sal

Preparar la crema de soya siguiendo las indicaciones de la receta de la p. 132.

Poner 1 cucharadita de café de crema de soya en el centro de una lámina de pasta. Decorar con una fresa. Humedecer los 4 bordes de la lámina y cerrar el wonton llevando las esquinas de la masa hacia el centro, por encima de la fresa. Cerrarlo bien pellizcando los bordes entre los dedos.

Calentar el aceite en una olla. Comprobar que está caliente metiendo la punta de un palillo de madera en el aceite: deben formarse burbujas. Sumergir entonces los wonton en varias tandas. Freírlos varios minutos. Darles la vuelta y proseguir la fritura 1 minuto. Escurrirlos cuando hayan adquirido un color ligeramente dorado. Comer calientes o templados.

Equivalencias

Medidas líquidas

Sistema métrico	Sistema estadounidense	Otro nombre
5 ml	1 cucharita de té (cucharita de café)	
15 ml	1 cuchara de mesa (cuchara sopera)	
35 ml	⅛ *cup*	1 oz
65 ml	¼ *cup* o 1/4 vaso grande	2 oz
125 ml	½ *cup* o 1/2 vaso grande	4 oz
250 ml	1 *cup* o 1 vaso grande	8 oz
500 ml	2 *cups* o 1 pinta	
1 l	4 *cups* o 2 pintas	

Medidas sólidas

Sistema métrico	Sistema estadounidense	Otro nombre
30 g	1/16 lbs	1 oz
55 g	⅛ lbs	2 oz
115 g	¼ lbs	4 oz
170 g	⅜ lbs	6 oz
225 g	½ lbs	8 oz
454 g	1 libra	16 oz

Temperatura del horno

Calor	°C	Termostato	°F
Muy suave	70 °C	t. 2-3	150 °F
Suave	100 °C	t. 3-4	200 °F
	120 °C	t. 4	250 °F
Medio	150 °C	t. 5	300 °F
	180 °C	t. 6	350 °F
Caliente	200 °C	t. 6-7	400 °F
	230 °C	t. 7-8	450 °F
Muy caliente	260 °C	t. 8-9	500 °F

Cursos y talleres de cocina japonesa

https://apuntococina.com/cursodecocina/curso-de-cocina-japonesa/

https://comerjapones.com/cursos/cocina-japonesa-barcelona

https://www.tallerdecocinasabores.es/cursos-de-cocina/cocina-japonesa-caliente/

Obra editada en colaboración con Editorial Planeta – España

Título original: *Pâtisseries japonaises. Recettes, infos et techniques en pas à pas*

Edición original de Mango, París, Francia

Textos: Laure Kié
Fotografías: Patrice Hauser

Bajo el sello editorial PLANETA M.R.
Avenida Presidente Masarik núm. 111,
Piso 2, Polanco V Sección, Miguel Hidalgo
C.P. 11560, Ciudad de México
www.planetadelibros.com.mx

Primera edición impresa en España: marzo de 2024
ISBN: 978-84-19875-42-6

Primera edición en formato epub: septiembre de 2024
ISBN: 978-607-39-1907-4

Primera edición impresa en México: septiembre de 2024
ISBN: 978-607-39-1755-1

Impreso en los talleres de Litográfica Ingramex, S.A. de C.V.
Centeno núm. 162-1, colonia Granjas Esmeralda, Ciudad de México
Impreso en México – *Printed in Mexico*